AF349578

COUP D'ŒIL

SUR

L'ÉTAT DE LA PEINTURE

EN FRANCE.

Par J. B. T. LECLERE.

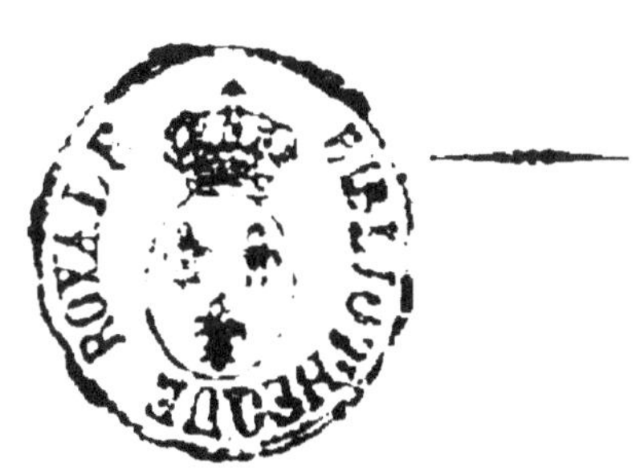

A PARIS,

CHEZ J. G. DENTU, IMPRIMEUR-LIBRAIRE,
rue des Petits-Augustins, n° 5;

ET CHEZ DESCHAMPS, LIBRAIRE, RUE SAINT-JACQUES, N° 160.

MDCCCXXIV.

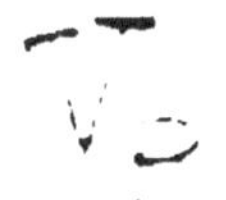

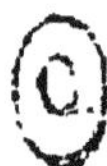

COUP D'ŒIL

SUR

L'ÉTAT DE LA PEINTURE

EN FRANCE.

Tout le monde convient aujourd'hui que depuis quelques années la peinture chez nous n'a plus aucune direction, et qu'après avoir pris le plus noble essor elle se trouve tout à coup déchue du haut rang qu'elle occupait. Tout le monde convient encore que presque tous nos jeunes peintres errent sans boussole et sans guides, cherchant à tâtons le vrai beau de leur art. Pour arrêter les effets d'un tel état de choses, j'ai donc résolu de mettre en peu de mots, sous les yeux de notre jeune école, les parties principales de la peinture, en indiquant ceux de nos peintres qui ont réussi dans chacune d'elles, et celles qu'ils ont entièrement négligées.

Avant tout, j'indiquerai le genre de notre école, la direction qu'elle doit suivre, et les écueils qu'elle doit éviter. Peut-être mes préceptes, en éclairant tous ceux qui se livrent à cette carrière, faciliteront leurs études, et les critiques ou gens de goût y trouveront des bases pour fixer leurs opinions et leurs jugemens.

D'un autre côté, un enthousiasme peu réfléchi tient pour la plupart du temps un élève attaché aux idées de son maître, et lui fait adopter en esclave toutes ses opinions et ses maximes. Pour éviter les résultats d'un pareil patronage, si je puis m'exprimer ainsi, je terminerai ce court opuscule par l'analyse du mérite de quelques-uns de nos grands peintres. Cette analyse de leurs qualités et de leurs défauts, faite sans prévention comme sans esprit de parti, pourra, sinon en arrêter les effets, du moins prévenir l'engouement, et inviter à la réflexion.

Quant à la poétique de l'art, elle est trop vaste, trop compliquée, pour n'être expliquée autrement ici que dans ses principes généraux. Il faudrait faire la poétique de tous les arts ; mais quiconque, parmi ceux qui se livrent à la carrière de la peinture, n'élève pas ses idées au-dessus de ses parties techniques, doit incontinent briser ses pinceaux ; sa main, guidée par un esprit aride et sans génie, ne reproduirait que des formes, des contours et des couleurs, et jamais elle ne pourrait donner la vie à la toile, et par conséquent nous causer ni plaisirs ni transports.

DU GENRE DE NOTRE ÉCOLE.

Si la littérature est, comme on l'a dit, l'expression de la société, la peinture en est, sinon l'expression, du moins elle en reçoit la teinte et l'esprit ; et sa direction suit toujours la direction du goût et des mœurs des peuples. Ainsi dans la Grèce, qui produisait des héros et des hommes, avec les dieux de la mythologie, les peintres et les sculpteurs ne devaient représenter que des héros et de grandes actions. Dans l'Italie moderne, qui ne produisit des hommes qu'un instant, et depuis que des dévots et des femmes, la peinture et la sculpture ne durent offrir à leurs yeux que des sujets ou voluptueux ou religieux. En Flandre et en Allemagne, où les imaginations sont épaisses et les esprits froids et secs, le beau idéal de la peinture, chez ces peuples, était la représentation plus ou moins parfaite des objets habituels de la vie, sans qu'aucune idée grande et élevée ne vînt animer le génie de leurs peintres, et embellir leurs compositions. Quant à notre ancienne école, elle a suivi les diverses variations des temps : grande, noble et bien soutenue sous Louis XIV, elle dégénéra avec les mœurs sous ses successeurs; on ne lui demanda plus alors que des sujets lascifs et voluptueux, et elle devint vile et dégradée.

Sur la fin du dernier siècle, un changement arrivé dans les esprits et les goûts apporta nécessairement un changement dans les arts, et particulièrement dans la peinture. La philosophie, en reportant les imaginations et les cœurs vers les beaux jours de l'antiquité, et les nourrissant incessamment des grandes idées de ces temps, si elle n'épura pas immédiatement les mœurs : de léger, frivole qu'était le Français, elle le rendit sérieux, méditatif, *et aimant*, comme l'a dit un grand homme, *de la grandeur jusqu'à l'apparence*. Dès lors il n'a plus suffi de présenter des jouissances à son esprit, ni de chercher à l'amuser par d'agréables bagatelles; mais il fallut le toucher, l'émouvoir et le ravir par le récit ou le spectacle des grandes et belles actions. La peinture a dû en conséquence suivre ce mouvement des esprits, et n'offrir aux yeux des Français que la représentation des grands évènemens et des grandes actions : c'est pourquoi la peinture est devenue chez nous toute dramatique.

Représenter le jeu des passions et les actions des héros, tel est donc le but principal de notre école. Cependant il ne faut pas croire que, pour être dramatique, elle exclut le genre gracieux; elle s'est pour ainsi dire chargée de traduire sur la toile toute notre littérature, et l'on sait qu'il n'existe pas seulement des poëmes dramatiques. Mais le genre gracieux lui-même doit être soumis au goût du jour, c'est-à-dire qu'il ne doit être ni lascif ni dégradé. Il faut surtout que le style en soit grand, et que la grâce soit, comme chez les anciens, toujours unie à la pudeur et à la dignité.

Toutefois le genre dramatique en peinture n'est pas sans écueils; si les passions représentées sont trop faibles ou mal exprimées, le tableau est lâche et sans couleur; si au contraire elles sont outrées, comme il arrive le plus souvent, la représentation n'en est que triviale et ridicule. C'est pourquoi la peinture dramatique a aussi ses romanciers et ses mélodramaturges.

Pour bien caractériser l'état actuel de notre école quant au genre, il faut dire que la plupart de nos jeunes peintres, épris du gigantesque, qu'ils prennent pour le beau, et croyant arriver au sublime en entassant dans des cadres d'immense grandeur les figures les plus grimacées et les attitudes les plus forcées, n'arrivent le plus souvent qu'au trivial et à l'outré. Pour la plupart du temps, ils s'imaginent que c'est dans la grandeur matérielle des formes que consiste le grand goût et le vrai beau ; en cela ils ne songent pas que le Poussin nous a souvent donné, dans des cadres très-étroits, l'idée de l'immensité, et que David n'a pas mis moins de grandeur dans ses tableaux de petite dimension que dans ses cadres les plus étendus. Cet état de choses provient de la fausse idée de la grandeur, qu'ils n'ont pas comprise et qu'ils ne comprendront pas, s'ils ne se hâtent de revenir à des observations plus exactes et à des études plus sévères.

DE LA COMPOSITION.

Puisque le genre de notre école est éminemment dramatique, la composition, qui ordonne, groupe et masse les figures, les lumières et les ombres, doit être éminemment dramatique. Chaque figure et chaque groupe doivent être, en conséquence, distribués de manière à produire, au premier regard, l'unité d'effet ; et les jours et les ombres doivent encore concourir à cette unité. Je dis au premier regard, afin que l'effet du tableau soit prompt et subit ; car si, pour en comprendre l'ensemble, l'œil est obligé de se détourner plusieurs fois, il faut nécessairement alors une opération de l'esprit pour en rassembler mentalement les diverses parties, et pour jouir du spectacle qu'elles présentent. Or, cette opération de l'œil et de l'esprit, quelque prompte qu'elle soit, suffit pour empêcher l'effet du plus bel œuvre. Quoique les peintres de l'Italie se soient mis fort peu en peine de choquer cette première règle de leur art, elle ne doit pas moins être regardée comme fort importante dans notre école, qui doit parler plutôt au cœur qu'aux yeux, et par conséquent frapper plus vivement au premier abord.

D'après ces principes, si nous jugeons les peintres de notre école qui ont bien entendu la composition dramatique, presque tous les élèves de David l'ont assez bien entendue. Mais David seul peut être proposé pour modèle dans cette partie. En effet, personne aussi bien que lui n'en a compris toute l'étendue, et ce qu'elle comporte de grandeur, de beauté et de variété. Tout ses tableaux de genre sérieux sont des chefs-d'œuvre de composition ; il serait peut-être impossible d'ajouter, ôter ou déplacer aucune des figures ou même des objets inanimés, dans quelque tableau que ce soit, sans en détruire l'ensemble et compromettre l'effet. Quant à notre jeune école, tout le monde avoue qu'elle est hors de la bonne route ; aussi ses compositions ont-elles perdu de cette sévérité et de la précision que réclame le genre de l'école, et qui distingue si éminemment son immortel fondateur.

DU DESSIN.

Le dessin est, comme l'on sait, cette partie de la peinture qui, au moyen des lignes de la lumière et des ombres, reproduit la nature telle qu'elle est. S'il faut dire sans détour mon opinion sur notre école par rapport au dessin, je dirai qu'elle ne me semble pas encore bien recommandable par une grande pureté de dessin ; car à peine un ou deux de nos peintres peuvent être cités, sinon comme à l'abri du reproche, du moins comme à l'abri des censures amères.

L'étude du dessin n'est pas aussi facile que se l'imaginent la plupart des jeunes peintres ; car il ne suffit pas d'étudier les formes humaines et leurs proportions : il faut encore, quand on veut peindre les passions, connaître l'effet de ces passions sur les muscles, les chairs, les tendons, et sur les parties même les plus imperceptibles de notre individu. Chaque passion, chaque sentiment a un degré d'énergie qui s'imprime dans tout notre être extérieur ; et par conséquent l'on ne peut atteindre le beau idéal de la peinture lorsqu'on ne connaît pas l'effet de la puissance morale de l'ame sur tout notre corps.

Certes, je ne partage pas l'avis de ce littérateur (1) qui

____

(1) M. Kératry, *Essai sur le Beau.*

repousse le nu dans la peinture , je ne sais sur quel prétexte de pudicité. Si la peinture n'a pour exprimer les passions que l'expression de la figure, les formes et les couleurs : en cachant les formes sous des draperies , les passions ne pourront être, en conséquence . que faiblement représentées. Qu'on emploie si l'on veut les draperies à couvrir les parties du corps les plus étrangères à l'expression des passions, c'est très-bien ; cela coupe la monotonie, et jette de la variété dans une grande composition. Mais couvrir toutes les formes humaines de draperies, c'est s'ôter ses plus beaux moyens ; car rien n'égale la beauté, l'élégance et la variété des formes de l'homme. Aussi ont-elles toujours été le but idéal des grands artistes, et l'objet de leurs études les plus profondes.

Les amateurs enthousiastes de la peinture italienne attaquent nos peintres sur la dureté de leurs lignes, et sur le peu d'harmonie qu'ils mettent entre leurs diverses figures ou groupes. Sans doute on ne peut contester la vérité de ces reproches ; car l'on a surtout besoin, dans notre école, d'étudier la grace des contours et l'harmonie des groupes. Ce défaut tient à ce que beaucoup de nos jeunes peintres ne représentent le plus souvent que des passions outrées , et donnent en conséquence à leurs héros des attitudes forcées : ce qui rend nécessairement leurs lignes dures et anguleuses. Mais ce reproche tombe généralement à faux ; car la différence des lignes provient essentiellement de la différence des genres. En effet, si les peintres de l'Italie se distinguent par leurs lignes et leurs contours harmonieux, c'est qu'en général ils n'ont représenté que des objets gracieux et touchans, tous sentimens qui donnent peu de tension aux nerfs et aux muscles. Mais il n'en est pas de même des grandes passions que nos peintres se chargent de représenter : elles remuent, agitent violemment tout notre corps, et mettent nos membres dans un état de contraction telle que nous ne pourrions le supporter, si la passion ne dominait alors. Il n'est donc pas étonnant que les peintres italiens puissent l'emporter sur les nôtres par la grace et la suavité des lignes. Mais encore ce reproche, s'il était fondé, ne serait pas particulier à notre école ; car il tom-

berait nécessairement sur toute la partie de la sculpture
antique qui représente des passions irritées. En effet, si
l'on considère les lutteurs, les gladiateurs, le Laocoon et
jusqu'à la Diane chasseresse elle-même, on leur trouvera
des lignes assez sèches et parfois assez dures ; et certes
l'on n'a pas encore accusé la sculpture antique de séche-
resse et d'incorrection.

Sous le rapport du dessin, nos peintres n'ont, je ne
le pense pas, rien à envier à l'Italie ; car il est bien peu
de ses grands maîtres qui se distinguent par la pureté et
la correction du dessin. C'est aux Grecs qu'ils ont beaucoup à envier ; car ce qui reste de leur sculpture, bien
qu'ignoré dans leurs traditions, fait l'admiration des gens
de goût et le désespoir des artistes. Il faut le dire aussi :
nos peintres et sculpteurs n'ont pas les mêmes ressources
et moyens de perfection que les peintres et sculpteurs
de la Grèce. D'abord la Grèce produisait des hommes ; et
ses institutions, protectrices des beaux-arts, allaient por-
ter l'émulation et l'enthousiasme dans le cœur des artistes.
Mais, plus que tout cela, les gymnases où les jeunes athlètes
allaient lutter de force, d'élégance et d'agilité, étaient
pour eux un objet du plus puissant secours. En effet,
c'était là qu'ils pouvaient étudier à leur aise le beau et le
vrai beau des formes humaines ; car leurs modèles étaient
sans cesse sous leurs yeux dans les attitudes les plus
nobles, les plus élégantes et les plus aisées, et ils pouvaient en outre observer au naturel l'effet des passions
sur les muscles et tendons, par la jalousie, les rivalités,
les haines ou les joies inséparables des luttes. Il n'en est
pas de même dans nos états modernes ; car les peintres
et sculpteurs n'ont pour tout sujet d'observation que des
êtres froids et inanimés, que l'intérêt ou la faim fait tenir
dans la même attitude. Si parfois le théâtre leur offre encore quelques modèles, leurs poses et leurs attitudes sont
si étudiées et si compassées, que cette source d'observation est encore pernicieuse pour le jeune homme qui
n'a pas le sentiment bien distinct de la différence des lieux
et des genres.

S'il est donc difficile, pour ne pas dire impossible, que
le dessin soit porté dans nos temps à la pureté et à la séré-

rité de l'antique, il ne faut pas pour cela en négliger l'étude ; il faut au contraire surmonter toutes les difficultés provenant de la différence des institutions et des mœurs, et essayer de lutter glorieusement contre elles. C'est principalement par la pureté du dessin qu'un peintre se tire de la foule et assure sa renommée. Sans le dessin, les plus belles inspirations, les plus nobles pensées ne produisent que des artistes du second ordre ; car une fois les premières sensations éprouvées par la présence des grandes idées, si le goût vient ensuite à étudier les détails, il se trouve bientôt choqué de l'incorrection du dessin, et l'esprit s'indigne de ce qu'il avait jadis admiré. C'est par le dessin surtout, et la beauté des proportions, que la sculpture antique nous paraît admirable ; c'est par le dessin que se distingue éminemment Raphaël, et qu'il a su répandre tant de charme et d'agrément dans ses ouvrages.

Après m'être étendu un peu longuement sur la partie du dessin si essentielle dans la peinture, si je viens à jeter un regard sur les peintres de notre école, je ne trouve que Lethierre et David à citer. Cependant ce dernier, si profond, si supérieur dans le dessin de ses figures principales, est parfois incorrect dans ses figures secondaires ; et en voulant être énergique il est souvent dur et sec.

DE L'EXPRESSION.

J'arrive avec plaisir à parler de l'expression ; car j'aime à louer notre école sans réticence et sans réserve. En effet, c'est de toutes les parties de la peinture celle dans laquelle nos peintres brillent le plus ; car ils n'ont déjà rien à demander aux Raphaël, aux Dominiquin, aux Guide, etc., ni même à la sculpture antique. Cet avantage, certes, n'est pas de peu d'importance dans une école dont le but principal est la représentation des passions, puisque c'est dans les traits de la figure qu'elles trouvent leurs plus fidèles représentans, et se nuancent avec le plus de vérité. Nos peintres ne se contentent pas de nous donner l'expression du moment : ils vont même jusqu'à nous montrer, dans une seule tête, plusieurs passions ensemble, en nous dépeignant tout le caractère et les vertus de leur héros. L'étude du jeu de la physionomie semble être en effet l'objet principal des études de nos peintres; car presque tous se font remarquer dans l'expression, lors même que leurs ouvrages annoncent l'absence du génie et du goût.

De tous les artistes connus, David est sans contredit celui qui a porté le plus loin la vérité et la profondeur de l'expression. Il n'est pas peut-être un personnage chez lui qui n'ait le sentiment caractéristique de ce qu'il est, et du rôle qu'il joue; mais l'expression de ses figures principales est toujours du genre le plus élevé; car il ne leur donne pas seulement une inspiration : mais, par les seuls traits de la figure, il développe une multitude de passions et de sentimens. Parmi une foule de têtes, je me contenterai d'indiquer celle de Socrate, celle de Léonidas, et surtout celle de Brutus, qui toutes, dans des genres différens, ont une expression des plus profondément caractérisée. M. Lethierre, quoique moins profond et moins élevé, a aussi donné beaucoup d'éloquence et de vérité à toutes ses figures; enfin, M. Gérard a surtout excellé à peindre l'expression de la bienveillance, de la candeur et du malheur. Je m'arrête ; car si je voulais citer tous les peintres de notre école qui ont parfaitement réussi dans cette partie de l'exécution, ce ne serait plus qu'une longue répétition des mêmes éloges, répétition fatigante et monotone.

DU CLAIR-OBSCUR.

Il est inutile de s'appesantir ici sur l'utilité du clair-obscur, qui est le même pour toutes les écoles, a les mêmes principes et les mêmes effets, puisque c'est par lui que l'on fait ressortir tous les objets placés dans l'ombre, et que la toile entière s'efface aux yeux pour ne plus laisser voir que la scène et toute l'action.

Quelques peintres des anciennes écoles ont aussi par trop exagéré l'importance du clair-obscur; car ils en ont fait une science unique, et le fondement principal de la peinture. Dans ces derniers temps, il s'est élevé, même parmi nous, une secte de peintres dits *de genre*, dont le mérite principal est de représenter, dans des intérieurs, toutes les teintes du clair-obscur. Les lieux qu'ils choisissent principalement sont des intérieurs d'église, d'ateliers ou de cuisine, avec tous leurs ornemens et accessoires : comme s'il y avait quelque fruit à retirer de la contemplation d'un effet de lumière, ou bien de la vue d'un chaudron ou de quelque autre partie d'une batterie de cuisine !

On ne peut que déplorer cet oubli du grand goût, pour ne nous offrir que de petits objets dont tout le charme et le mérite viennent de la difficulté vaincue. Jamais et en aucun temps les arts ne doivent perdre de vue la représentation du grand et du beau ; car c'est par là seulement qu'ils méritent les titres d'arts nobles, d'arts libéraux. Une considération d'ailleurs devrait influer sur les artistes qui s'adonnent à ce genre de travaux, et les engager à sortir de cette sphère étroite et mesquine des beaux arts : c'est que la gloire qui revient de pareilles conceptions est bientôt oubliée, tandis que la gloire des Raphaël, des Titien, des Corrège et des Rubens, est encore aussi belle que durant leur vie, et s'accroît même avec les siècles.

Cependant, bien que ces peintres de genre aient beaucoup nui à la peinture chez nous, en attirant tous les yeux et détournant des grandes idées, on ne peut nier, sans être injuste, qu'après ce petit moment de vogue passé, et lorsque notre école aura repris sa haute direction, ces peintres de genre ne soient de la plus grande utilité pour les peintres d'histoire. En effet, c'est à leur école que ces derniers iront étudier plusieurs parties de leur art, comme la perspective, le clair-obscur, et surtout l'effet de l'air ambiant qui circule autour de tous les objets dans la nature. Toutefois ils ne doivent pas laisser prédominer dans leur esprit l'importance de ces diverses parties ; il en est d'autres plus essentielles, plus hautes, qui demandent d'assez grandes méditations, et donnent assez d'alimens au génie.

Pour parler enfin des peintres d'histoire qui ont parfaitement traité le clair-obscur chez nous, quoique beaucoup d'entre eux soient irréprochables, aucun cependant ne peut être proposé comme modèle, si ce n'est peut-être M. Læthierre, qui, dans un seul tableau, à part la composition et le coloris, a porté toutes les autres parties au degré le plus éminent de la perfection.

DU COLORIS.

Si toutes les parties de la peinture qui tiennent à l'exécution sont en général fort négligées dans notre école, la partie du coloris se présente comme son côté le plus faible. En effet, la plupart de nos peintres ont des carnations sèches, lissées, sans moelleux, sans suavité, et semblent rechercher pour leurs draperies les couleurs de l'opéra. Un beau coloris n'est cependant pas de peu d'importance dans une composition. Il agit sur nous à notre insu; il nous charme, il nous attire, il repose la vue, et répand enfin dans toute une composition un charme merveilleux, qui est indispensable dans beaucoup de sujets.

Il faut le dire toutefois : ce qui empêchera toujours notre école de se distinguer par le coloris, c'est que, plus sévère que les écoles d'Italie, elle doit asservir tous les sujets qu'elle représente à la teinte des lieux et à la couleur morale du sujet. C'est pourquoi l'on ne peut rien reprocher à plusieurs de nos grands peintres, qui ont dû nécessairement faire prédominer l'effet moral de leurs tableaux sur l'effet du coloris, qui n'a de puissance que sur nos yeux.

Quant à nos romanciers et mélodramaturges de la peinture, les couleurs les plus bizarres et celles qui tranchent le plus vivement sont les couleurs qu'ils choisissent de préférence; et s'ils ne cèdent en rien à leurs confrères en littérature pour l'exagération des passions, ils ne leur cèdent en rien non plus pour l'exagération des couleurs et du coloris.

DES DRAPERIES, DE LA PERSPECTIVE,

ET DE L'HARMONIE.

Je passe rapidement sur toutes ces parties, n'ayant voulu qu'esquisser le genre de notre école et ses écueils, tout en jetant un regard sur les parties essentielles de la peinture, et particulières au but de notre école. Si je viens à dire mon avis au sujet de ces différentes parties, je dirai que je ne les trouve que médiocrement exécutées chez nous. Cependant, David et Lethierre ont parfaitement entendu les draperies ; le premier surtout, qui a su les faire concourir à l'effet moral de ses tableaux. L'un et l'autre ont aussi parfaitement entendu la perspective. Quant à l'harmonie des couleurs, je ne crois pas qu'aucun de nos peintres d'histoire puisse être cité comme modèle en cette partie. Deux ou trois peintres de paysage ou de genre ont seuls réussi à marier agréablement les couleurs et les ombres.

Quoique je n'aie pas cité, dans ce petit ouvrage, plusieurs de nos peintres qui ont réussi dans quelques-unes des diverses parties que j'ai passées en revue, je n'en reconnais pas moins tout leur mérite ; mais comme je propose des modèles à ceux qui entrent dans la carrière, il importe de ne pas les induire en erreur sur le beau et le vrai de leur art. Si presque tous nos peintres en réputation aujourd'hui sont remarquables par la grandeur du style, la beauté des idées et la variété de leur imagination, on ne peut se dissimuler qu'ils ne péchent presque tous par l'exécution. Certes, dans l'état actuel des choses, ce n'est pas l'absence d'idées et d'images qui manque à nos jeunes peintres ; leur imagination a plus besoin de frein que d'aiguillon : ce sont les études profondes et sévères de leur art, ce sont les observations exactes et justes des véritables beautés de la nature. En conséquence, il importe de ne leur présenter que des modèles rigoureux et sévères du grand et du beau.

CONCLUSION.

On voit, par le tableau que je viens de faire des différentes parties de la peinture chez nous, que notre école est encore loin du point qu'elle doit atteindre. Cependant, malgré ses écarts et la décadence momentanée du bon goût, elle peut déjà rivaliser avec les premières écoles d'Italie. Parfois si nous sommes réduits à voir, dans des compositions outrées, les figures les plus froides et les plus inanimées avec toutes les couleurs de la fantasmagorie, d'un autre côté nous possédons déjà une foule de chefs-d'œuvre que l'on chercherait en vain dans toutes les écoles d'Italie. *Le Brutus* de Lethierre, celui de David; *les Sabines*, *le Léonidas*, *les Horaces*, *le Bélisaire*, *la Mort de Socrate*, en général toutes les peintures sérieuses et dramatiques de David, dans lesquelles il a pu développer son génie en toute liberté, sont des morceaux du genre le plus noble et le plus élevé.

Ce qui est remarquable surtout dans notre école, c'est la beauté, la grandeur et la sévérité de plan qu'elle exige; c'est la vérité de costumes et de teintes locales; enfin, c'est la hardiesse des traits de caractères qu'elle aspire à représenter avec les seuls moyens des lignes, des ombres et des couleurs. Chez les Italiens, au contraire, à part les beautés de détail et d'autres secondaires, comme la vérité du coloris et l'harmonie de leurs teintes, tout est ridicule, mal ordonné et souvent trivial dans leurs compositions.

Quoique admirateur passionné de la peinture italienne, je ne sens pas moins tous ses défauts; c'est pourquoi je préviens tout jeune peintre qui, plein d'enthousiasme pour le genre de ses écoles, voudrait marcher dans la même route, qu'il ait à y renoncer. Ce qui était bon alors ne l'est plus aujourd'hui; et il ne trouverait dans la société ni éloge ni encouragement. L'école de David, voilà ce qui convient à nos esprits et à nos cœurs, parce qu'elle peint les grandes actions, et qu'elle met en jeu tous les ressorts du cœur humain.

Je dis l'école de David, pour ne pas dire l'école des

Grecs ; car c'est à cette source noble et pure qu'il a puisé
ses plus belles inspirations, et qu'il a trouvé cette grandeur de style et cette vie de l'ame que l'on voit à un si
haut degré dans toutes ses compositions. Si M. David ne
possède pas toutes les parties de là peinture à un degré
éminent, il n'en est aucune chez lui qui soit absolument
négligée, et qui fasse tache essentielle. Mais ce que l'on
ne peut trop admirer dans ses œuvres immortelles, ce
sont ces traits hardis d'héroïsme et de caractère, ce sublime des situations, et cette élévation de sentiment ; c'est
cette beauté de composition dans laquelle il a su varier,
selon les convenances, les sentimens de tous les âges,
de tous les sexes et de toutes les situations. Enfin, pour
tout dire en un mot, dans tout ce qui tient à la partie di-
vine de son art, je ne connais ni peintre ni poëte dramatique qu'on puisse lui préférer.

Maintenant, si je puis m'adresser aux jeunes peintres
qui entrent dans la carrière, et leur donner quelques con-
seils, je dois leur dire de laisser aux écoles anciennes
leurs grands maitres et leurs idoles, et de mettre de côté
toutes les traditions de la peinture et des académies ; car
rien ne fausse plus le jugement et ne met plus d'entraves
au génie. C'est dans la nature qu'ils doivent puiser leurs
observations, parce qu'elle est toujours la source première des plus belles comme des plus grandes inspirations. Les Grecs n'en eurent point d'autres, et voilà
pourquoi peut-être leurs ouvrages, pleins d'enthousiasme
et de vie, n'ont rien perdu de leur fraîcheur et de leurs
beautés. Je le dis : il faut qu'ils s'affranchissent de toutes les
fausses maximes qui depuis long-temps dirigent toutes
les écoles modernes ; car l'on n'entend vanter que lignes,
que raccourcis, groupes savans et bien enchâssés, etc.,
tous éloges plutôt à craindre qu'à rechercher. Ce qui
nous reste de la sculpture antique provoque peu l'analyse
et les dissertations de la science ; mais l'homme le plus
grossier, avec le seul instinct du beau, les voit, les ad-
mire et se tait.

Le génie veut une allure libre et fière ; et, sans négliger
aucune partie de la peinture, il sait faire admirer autre
chose que le contour d'un bras, d'une jambe, ou même

les formes d'un doigt. Mais si par hasard il descend à des détails, c'est pour nous faire admirer la main de Critias (1), non en elle-même, mais parce qu'elle nous montre tout ce qui se passe dans l'ame de ce philosophe, malgré sa résignation et sa tranquillité apparente.

NOTA. Après avoir si souvent parlé du talent de M. David dans le cours de cet Opuscule, j'ai cru devoir supprimer l'esquisse de son portrait. Tout ce qui restait à faire, c'était l'analyse exacte et détaillée de chacun de ses tableaux; mais elle eût été trop longue pour un cadre si resserré.

––––––––––

(1) Personnage de *la Mort de Socrate*, de David.

M. GÉRARD.

M. Gérard est le peintre des affections simples et douces du cœur : c'est pourquoi les physionomies de naïveté, de candeur et de bienveillance, sont celles qu'il reproduit le plus souvent et avec le plus d'avantage. Mais son talent n'est pas pour cela circonscrit dans un cercle étroit ; son imagination, riche, brillante, variée, lui permet de prendre toute sorte de tons et de couleurs. En considérant maintenant M. Gérard comme peintre, on trouve de la grandeur et de la sagesse dans ses compositions ; son faire est grand, sa touche large, et ses draperies sont d'un bel effet. Mais, d'un autre côté, son dessin est souvent dénué d'éloquence, et son coloris froid et sec tient quelquefois du brillanté ; enfin, il n'a jamais réussi à peindre les grandes passions : ce qui ne permet pas de l'élever à la hauteur de David. Néanmoins, si M. Gérard n'atteint pas le beau idéal, la magnificence et la sagesse de ses compositions, la richesse de son imagination, toujours brillante et toujours poétique, lui assurent une place des plus honorables dans l'histoire de la peinture ; et son école, si elle ne s'élève pas bien haut, jouira toujours de l'estime et de l'approbation des gens de goût.

M. GIRODET.

M. Girodet est le peintre de la beauté et des graces nobles de la femme ; car c'est dans la peinture de ses charmes que brillent éminemment son imagination et son pinceau. Comme peintre des grands traits historiques, M. Girodet ne me paraît pas très-recommandable ; car il n'atteint jamais le juste milieu des choses, et il est tantôt lâche et tantôt outré. Cependant, au milieu de fautes monstrueuses de goût, on voit de belles choses, et des traits hardis et bien dessinés.

Si l'on considère M. Girodet quant aux parties de la peinture, on trouve son dessin, selon ses compositions, pur, correct et ferme quand il peint les formes de la femme, ou bien gigantesque, lâche et outré quand il représente des traits d'histoire. Sa perspective est presque toujours en défaut, son clair-obscur absolument négligé ; enfin, il a adopté pour son coloris les teintes verdâtres, qui ne sont nullement d'un bon effet. Mais ce qui placera toujours M. Girodet au rang des grands peintres, et lui fera même des enthousiastes, c'est son imagination noble, gracieuse et poétique ; c'est sa touche suave, mélodieuse et pleine de charme ; enfin ; c'est la simplicité, la grandeur et la beauté de son style.

Il résulte, de tout ce que je viens de dire, que M. Girodet est le plus inégal de nos peintres ; car tantôt il atteint l'idéal, et souvent il n'est qu'outré et ridicule. Il faut bien du tact et un jugement bien sain aux jeunes gens qui veulent se former à son école, pour admirer sans passion leur modèle, et savoir distinguer ses véritables beautés au milieu des taches nombreuses de raison et de goût.

M. GUÉRIN.

Je commence par avouer que rien n'est brillant, plein d'éclat et d'agrémens comme les tableaux de M. Guérin. La simplicité de ses compositions et le charme de ses idées plaisent et séduisent au premier abord ; mais si je loue le poëte en M. Guérin, j'y cherche en vain le peintre, et ne sais quelle partie de la peinture vanter chez lui. Sa composition ? mais sa composition est rarement bien liée, et ses figures sont presque toujours indépendantes les unes des autres. Son dessin ? mais son dessin est sec, sans pureté, et ne représente en général que des surfaces presque planes. Son coloris ? mais son coloris est un composé des couleurs les plus tranchantes, et ses chairs sont des plâtrages secs, sans moelleux, sans harmonie et sans suavité. Néanmoins, comme le style de M. Guérin est grand et bien soutenu, que ses idées sont brillantes et gracieuses, M. Guérin est le peintre peut-être le plus populaire de notre école, et celui sur lequel la plupart de nos jeunes peintres ont les yeux tournés. Mais plus ses compositions sont séduisantes, plus elles complaisent au vulgaire, plus elles doivent être soigneusement évitées ; car si

M. Guérin obtient pour lui-même beaucoup de gloire et de considération, son école ne sera jamais une bonne école, et ses compositions d'excellentes études pour les jeunes élèves.

SUR LE BRUTUS DE M. LETHIERRE.

Après avoir si fréquemment parlé avec éloge de M. Lethierre, sur le vu du seul tableau de Brutus, l'on sera peut être étonné que je vienne ici en faire la critique. Mais comme cette critique ne doit s'appliquer qu'à une seule partie, qui est la composition ou l'ordonnance, on ne pourra m'accuser de contradiction.

Le plan de ce tableau me semble donc fautif. En effet, en appliquant mes principes ci-devant exposés sur l'unité de regard qu'exige toute composition dramatique d'un tableau, on sent déjà le reproche que je puis faire à l'ordonnance de cet œuvre; car, pour en comprendre le sujet et toutes les parties, il faut au moins trois ou quatre jets de regard. Tous les groupes sont éloignés les uns des autres, et presque entièrement séparés : ce qui est une très-grande faute, à mon sens. La peinture italienne, je le sais, était moins sévère, et n'exigeait pas la même précision et la même ordonnance; ses plans, pour la plupart du temps mal conçus, mettaient souvent les personnages les plus indifférens sur le devant du tableau, ne réservant qu'une partie obscure aux plus importans. Mais en Italie la peinture n'était point dramatique, et par conséquent elle ne pouvait exiger la même sévérité. Si donc ce tableau n'a pas la beauté de composition des tableaux de David, ni la grandeur de son style, le dessin en est si pur, si correct, les personnages si éloquens, si bien en situation, enfin la perspective, le clair-obscur, les draperies et toutes les parties de l'exécution si bien soignées, qu'il mérite toute l'estime qu'il a obtenue, et qu'il est regardé à juste titre comme un des plus beaux morceaux de notre école.

FIN.